Ursula Körber-Schuhen

Spuren
der Liebe

Gefühle in Reimen

Ich liebe, lebe und verzeihe

mit vielen neuen Texten

Tauchen Sie in diese emotionalen
und melancholische Momente ein.

Kreativ Forum Westerwald

Kreativ Forum Westerwald

Dieses Buch beschreibt Gefühle,
welche beim `Verlassen und beim
Verlassen werden` erlebt werden können.
Bei aller Traurigkeit und Verzweiflung
dürfen wir nicht vergessen,
dass jedes Ende die Chance
für einen Neubeginn bietet.

Lebe Deine Gefühle, Dein Glück
und Deinen Schmerz.
Dann fühlst Du mit der Zeit
den wahren Frieden im Herz.

Herstellung und Verlag:

BoD - Books on Demand, Norderstedt

ISBN: 978-3-7526-6742-4

Titel des Werkes:
Spuren der Liebe
Ursula Körber-Schuhen
© Texte sind urheberrechtlich geschützt
E-Mail:
kreativforumwesterwald@magenta.de

Kreativ Forum Westerwald

~ ~ ~ ~ ~ ~ ~ ~ ~ ~ ~

Wir über uns

Im Kreativ Forum Westerwald
vereinigen sich Hobby-Autoren,
die aus Spaß an der Freude schreiben.
Unser Bestreben liegt darin,
unseren Lesern in dieser
spürbar schnelllebigen Zeit
etwas Entspannung zu schenken.

Unser Dank gilt all
unseren Leserinnen und Lesern.
Wir hoffen sehr,
dass auch Ihr Interesse geweckt
wurde.

Die Autoren des

Kreativ Forums Westerwald

Es gibt Tage im Leben,
dann schaue
ich gerne zurück.
Es gibt Momente im Leben,
die schenken
mir wahres Glück.
Es gibt Augenblicke,
dann denke
ich zufrieden daran,
dass ich mit der Erinnerung
auch sehr
glücklich sein kann.

~ ~ ~ ~ ~ ~ ~ ~ ~ ~

Der kleine Rebell

Als kleiner Rebell erblickte
er das Licht dieser Welt.
Er wollte nicht verstehen,
dass nur Gehorsam zählt.
Kraftvoll und beharrlich
kämpfte er um seine Freiheit.
Doch er gab irgendwann auf
im Laufe dieser lieblosen Zeit.

Er kämpfte gegen Windmühlen.
Schwamm gegen den Strom.
Manchmal musst' er sich fragen:
‚Was bringt mir das schon? '
Er wollte nicht verlieren
sein Freiheitsdenken.
Er wollte nur sein Dasein
in lebenswerte Bahnen lenken.

Als Verlierer war er nicht geboren
und als Sieger wurde er nicht erkannt.
Was sollte aus ihm werden?
Er hatte sich verrannt.
Der kleine Rebell, er passte sich an.
Er schwamm mit dem Strom,
in dessen Strudel er ertrank.

Dem kleinen Rebellen.
wurden die Flügel beschnitten.
Der kleine Rebell,
er hat zu sehr gelitten.

Erwartungen erfüllen?

Stark sein - das ist gar keine Frage!
Selbstbewusstsein ist das Thema unserer Tage.
Cool und lässig gehen wir täglich dahin.
Wo bleibt die Antwort auf des Lebens Sinn?

Stress und Hektik - des Alltags Trott.
Alles erreichen und das bitte recht flott.
Gleichgültigkeit des Nächsten gegenüber.
Es kommt nur wenig Verständnis herüber.

Ein schicker Wagen und ein schönes Haus.
Viel Geld geben wir für weite Reisen aus.
Die Kleidung sehr teuer und recht elegant.
Doch wer reicht von Herzen mir seine Hand?

Erwartungen erfüllen und ständig anpassen.
Darf das denn sein? Ich kann es nicht fassen.
Ich jedenfalls will so nicht leben.
Keinerlei Zwänge - das ist mein Bestreben.

~ ~ ~ ~ ~ ~ ~ ~ ~ ~

Traurige Augen

Deine Augen sind gefüllt von Trauer und Tränen.
Du bist allein mit Deinem hoffenden Sehnen.
Ängstlich schlägt Dein ach so kleines Herz.
Unbarmherzig trifft Dich der Abschiedsschmerz.
Ich kann Dich nicht trösten. Deine Trauer ist groß.
Ich frage mich ständig, was mache ich bloß?
Mit Dir kam die Sonne in mein unruhiges Leben.
Du hast mir neue Hoffnung und Kraft gegeben.

Nun quält Verzweiflung Dein kleines Gesicht.
Wie kann ich Dir helfen? - Ich weiß es nicht.
Du findest keine Ruh'. Du kannst Dich nicht freuen.
Wüsst' ich einen Ausweg, ich würde nichts scheuen.
Ich kann Dich tröstend in meine Arme schließen.
Deine Tränen werden auf meine Schulter fließen.
Wir halten uns fest und teilen den Schmerz.
Wir spüren beide unser verwundetes Herz.

Wir waren eine Familie und glaubten daran,
dass nichts und niemand uns trennen kann.
Du weinst um Deinen Vater, sein Lachen, seinen Rat.
Du warst für ihn das Liebste. Verstehst nicht, was er tat.

Nun sind wir allein und müssen verstehen.
Das Leben wird auch ohne ihn weitergehen.
Dir gehört meine Liebe, mein ganzes Herz.
Wir zwei sind verbunden in tiefem Schmerz.

Die Zeit vergeht und Du wirst lernen,
dass Gefühle sich nähern und auch mal entfernen.
Ich werd' Dich beschützen, wo immer ich kann.
Wir werden vergessen.
Fragt sich nur - *wann?*

Bittersüße Zeit

Einst war für mich das Leben
ganz ohne Rast und Ruh'.
Vor Zorn sah man mich beben.
Doch der Mittelpunkt warst Du.

Szenen und wilde Eifersucht
vergifteten so manchen Tag.
Mit Worten hab' ich Dich verflucht.
Vergaß, wie sehr ich Dich mag.

Ich mochte Dich kaum sehen
und kam Dir nicht mehr nah.
Wollte Dich nicht mehr verstehen.
Aber Du warst trotzdem da.

Heut' ist die Zeit anders und gut.
Ohne Sorgen könnt' ich leben.
Doch ohne Dich fehlt mir der Mut.
Gern würd' ich alles für Dich geben.

Ich denke immerzu an Dich.
Verzweifeltes Hoffen und Sehnen
quälen jede Sekunde mich.
Du kannst sie nicht seh'n,
meine Tränen.

Wenn die Seele friert

Die Nacht, sie zeigt ihr finsteres Gesicht.
Kein heller Schimmer, kein bisschen Licht.
Schwarze Schatten begleiten diese lange Nacht.
Kein heller Funke ein kleines Feuer entfacht.

Nur Regen und Kälte, nur Sturm und Wind
tobende Partner dieser Dunkelheit sind.
Meine Seele friert. Sie kann nicht begreifen,
dass Furcht und Schrecken einfach nicht weichen.

Die Nacht ist noch lang und kein Frieden in Sicht.
Was wird das Morgengrauen bringen
- ich weiß es nicht. -
Noch quält die Nacht mein verwundetes Herz.
Noch bin ich allein mit dem großen Schmerz.

Ich möchte verbannen die dunklen Gedanken.
Sie stürmen meiner Seele schwache Schranken.
Tag erwache und nimm mir die Qual.
Lass schwinden die Trauer.

Schenk' Licht überall!

Wer möchte das nicht?

Ich möchte so gern in Frieden leben.
Möchte verzeihen und Freundschaft geben.
Doch das ist in diesem Leben nicht so leicht,
weil ein Mensch dem anderen eben nicht gleicht.

Ich möchte so gern Vertrauen spüren.
Möchte ohne zu zweifeln Gespräche führen.
Doch das ist kaum möglich in dieser Zeit.
Denn wer ist zur Ehrlichkeit schon bereit?

Ich möchte so gern viel Freude bereiten.
Möchte mit Vertrauen durchs Leben gleiten.
Doch dies ist schwierig und kaum zu erringen.
Weil jeder sich beschäftigt mit anderen Dingen.

Dennoch hoffe ich weiter und glaube daran,
dass ich mir meine Wünsche erfüllen kann.
Gewiss denkst auch Du genauso wie ich.
Habe den Mut - und öffne Dich.

~ ~ ~ ~ ~ ~ ~ ~ ~ ~ ~

Ich frage mich

Wo ist die Liebe auf dieser Welt?
Wo ist das Glück, wie es uns gefällt?
Wo sind die Freunde auf die wir bauen?
Wem schenken wir unser Vertrauen?

Wo ist das Land, in dem wir Hoffnung finden?
Wo ist die Liebe, an die wir uns binden?
Wo können wir die Lust am Leben spüren?
Wann werden sich unsere Herzen wieder berühren?

Wo finden wir eine Antwort auf alle Fragen?
Wer kann uns durch quälende Ängste tragen?
Wie finden wir Frieden und Harmonie?
Wann dürfen wir leben unsere Phantasie?

Was ist mit all den unerfüllten Träumen?
Wo werden wir finden, was wir versäumen?
Wer gibt dem anderen Verständnis und Halt?
Wie können wir leben ohne Gewalt?

Wenn wir im Herzen den Frieden spüren.
Wenn wir ein Leben ohne Lügen führen.
Dann ist sicher der Weg auch nicht weit
zum Ziel unserer Träume – Sei nur bereit.

~ ~ ~ ~ ~ ~ ~ ~ ~ ~ ~

Ich denke an Dich

Ich denke an Dich und an gute Zeiten.
Gern würde ich Dir eine Freude bereiten.
Dein Gesicht ist blass. Deine Augen so leer.
Ich will es nicht glauben - ich mag Dich sehr.

Wir waren jung, als wir uns banden.
Wir suchten beide, was wir nicht fanden.
Unsere Haare wurden grau mit der Zeit.
Nun bist Du krank - das tut mir sehr leid.

Was wirklich geschah, wir wissen es nicht.
Mutlose Augen prägen Dein schmales Gesicht.
‚Hörst Du meine Worte? Kennst Du mich noch?
Gib mir ein Zeichen - zeig' es mir doch.'

Deine Familie war für Dich das Leben.
Hast den Kindern Deine Liebe gegeben.
Sie können nicht begreifen was geschah.
Doch auch im Koma sind wir alle Dir nah.

Mai 2000

~ ~ ~ ~ ~ ~ ~ ~ ~ ~

Ich vermisse euch

Einsam geh' ich durch die dunkle Nacht.
Nur der alte Mond hält am Himmel die Wacht.
Ich denke zurück an vergangene Tage
und muss verstehen, was ich mir jetzt sage:

‚Niemand kann gehen in die Vergangenheit.
Auch ich darf nicht drehen am Rad dieser Zeit.
Als mein Zuhause noch meine Heimat war.
Die Kinder, der Hund und alle waren da.

Fröhliches Lachen ertönte in hellen Räumen.
Schöne Stunden auf der Wiese unter den Bäumen.
Es gab auch mal Streit. Wer kann ihn umgehen?
Doch immer wieder durften die Sonne wir sehen.

Wir waren verbunden in dieser langen Zeit.
Wir lebten die Tage. Der Abschied schien weit.
Doch als er kam, wollte ich es nicht fassen.
Ich fühlte mich einsam, traurig und verlassen.

Heute ist alles anders und unendlich schwer.
Nichts ist wie es war. Jeder Tag ist so leer.
Für uns alle hat ein neues Leben begonnen.
Ich kann es nicht ändern. Die Zeit ist verronnen.

Nur hoffe ich täglich, dass ihr glücklich seid.
Meine Gedanken sind bei euch für alle Zeit.

Nun kommt der Morgen und mit ihm das Licht.
Ich wünsche mir nur eines - vergesst mich nicht.

November 1994

~ ~ ~ ~ ~ ~ ~ ~ ~ ~ ~

Es gibt Tage im Leben,
dann schaue
ich gerne zurück.
Es gibt Momente im Leben,
die schenken
mir wahres Glück.
Es gibt Augenblicke,
dann denke
ich zufrieden daran,
dass ich mit der Erinnerung
auch sehr
glücklich sein kann.

~ ~ ~ ~ ~ ~ ~ ~ ~ ~ ~

Flieg' nicht zu hoch

Ich genieße den lauen Sommermorgen.
Und fühle mich frei von Alltagssorgen.
Die Vöglein fliegen vergnügt durch die Luft.
Plötzlich höre ich, dass eines mich ruft!

>Schau' ich fliege - es ist gar nicht schwer.
Willst Du es sehen, ich zeig Dir noch mehr<
Fröhlich dreht es seine Runden vor mir.
Ich blicke hinauf, damit ich es nicht verlier'.

Es fliegt nach rechts, es fliegt nach links.
Selbst ein Looping dem kleinen Kerl gelingt.
Ich schaue fasziniert wie es immer höher fliegt.
Sich und seine Kunst mehr und mehr besiegt!

In Gedanken fliege ich mit dem Vöglein im Wind.
Ich ahne seine Gefühle, die mit Glück verbunden sind.
Wirbelnd und gleitend fliegt es der Freiheit entgegen.
Ach wie gerne würde ich diesen Genuss auch erleben.

Nun stockt mir stockt der Atem.
Denn was geschieht jetzt?
Das Vöglein stürzt ab.
Es liegt am Boden. Es hat sich verletzt.
Was wollte es mir zeigen? Es haucht ganz leis' noch:

„Was immer Du tust. - Flieg' niemals zu hoch."

1995

Verstehe und verzeihe

Warum verzeihen die Menschen sich eigentlich nicht?
Warum wendest Du gekränkt ab Dein Gesicht?
Tiefer Hass ist ein schlechter Wegbegleiter.
Er trübt Deinen Blick. Er hilft Dir nicht weiter.

Haben böse Mächte Deine Seele beschlichen
sind Harmonie und Verständnis sicher gewichen.
Der Blick auf die Liebe ist ständig getrübt.
Die Wahrheit wird von der Lüge besiegt.

Der Hass lässt neben sich nichts anderes zu.
Nur quälende Gedanken. Das spürst auch Du.
Verbanne ihn für immer und Du wirst sehen,
dass gute Mächte in Dein Leben einziehen.

~ ~ ~ ~ ~ ~ ~ ~ ~ ~

Kennst Du mich?

Es ist nicht so einfach mich wirklich zu verstehen.
Doch ich lade Dich ein, diese Zeilen mit mir zu gehen.

Einst war ich voller Vertrauen und Zuversicht.
Ängste und Zweifel - die kannte ich nicht.
Doch mit der Zeit musste ich erfahren,
dass Vertrauen und Güte nur einseitig waren.

So blieb ich allein mit mir und meinen Gedanken.
Ich baute um mich die schützenden Schranken.

Nur manchmal öffne ich diese ein wenig und nur
wenn ich sicher bin und fühle mich stark genug dazu.

Ich muss mich beschützen und Mauern bauen.
Nur so kann ich wachsen und wieder vertrauen.

Ich bin nicht einsam und fühle mich nicht allein.
Wie gerade Dich lade ich manchmal jemanden ein.

Ich prüfe Dich kritisch. Wie wird es weiter geh'n?
Komm doch mal wieder. Dann werden wir seh'n.

~ ~ ~ ~ ~ ~ ~ ~ ~ ~

Meine Freiheit

Oft schaue ich zum weiten Horizont.
Ich träume mich hin zum fernen Mond.
Keine Grenzen, kein Hindernis in Sicht.
Nur freie Gefühle, mehr will ich nicht.

Mein Denken sprengt alle Schranken.
Hemmungslos möchte ich Freude tanken.
Verliehene Flügel schenken mir Schwerelosigkeit.
Ich vergesse alles - ich vergesse die Zeit.

Zurück in der Sphäre der Wirklichkeit
ist meine Freiheit so unendlich weit.
Ich lebe den Tag und fühle die Enge.
Mich halten gefangen nur Muss und Zwänge.

Doch ich kenne ein Land, das Freiheit heißt.
Dieser Traum lässt mich leben und ich weiß,
dass ich mich dorthin träumen kann.

Und ich träume gerne
so dann und wann ...!

~ ~ ~ ~ ~ ~ ~ ~ ~ ~ ~

Himmel und Hölle

Gibt es ein Gefühl, das ich nicht kenne?
Nein, ich kann sie alle beim Namen nennen.
Positive Erfahrungen und traurige Bilanzen.
Glücksgefühle und schmerzende Lanzen.

Emotionen, von denen ich sagen kann,
sie haben mich erschüttert so dann und wann.
Himmel und Hölle, ich hab' sie gesehen.
Die Sprache der Trauer kann ich verstehen.

Wütend versuchte ich mich zu offenbaren.
Gefühlsausbrüche, die sinnlos waren.
Unruhiges Herz, auf der Suche nach Wärme.
Doch dieses Ziel lag in weiter Ferne.

Ich veränderte mich. Und das war gut.
Ich fand wieder Ruhe und auch den Mut.
Ich möchte nur noch den Frieden spüren.
Er wird mich zum Ziel aller Träume führen.

~ ~ ~ ~ ~ ~ ~ ~ ~ ~ ~

Geh' Deinen Weg

Einsam gehst Du durch leere Straßen
und fragst Dich nach Deines Lebens Sinn.
So manches ist für Dich nicht zu fassen.
So vieles erscheint Dir gar zu schlimm.

Du denkst an Deine Tagesträume.
Enden sie vor einer Wand?
Bleiben Hoffnungen nur Schäume?
Zweifel trüben Deinen Verstand.

Du bist so jung und unerfahren.
Erwachsen werden ängstigt Dich.
Gefühle willst Du Dir verwahren
und Perspektiven siehst Du nicht.

Ich werde mit Dir gehen
durch diese scheinbar schwere Zeit.
Ich werde Dich verstehen.
Der Weg zu Dir ist nicht mehr weit.

~ ~ ~ ~ ~ ~ ~ ~ ~ ~

GOTT ist die Stärke

Vor einigen Jahren - ich weiß es genau
wurde aus einem Mädchen eine Frau.
Eigene Kraft besaß sie nicht viel.
Für sie war das Leben nur ein Spiel.

Doch ihr Dasein fand einen neuen Sinn.
Denn sie richtete den Blick auf EINEN hin.
Schon frühmorgens bat sie um Kraft im Gebet.
Sie bat IHN um Stütze auf ihrem Weg.

ER schenkte ihr Kraft. ER gab ihr den Halt,
den sie auch brauchte. Ihr Leben war kalt.
Im Glauben an IHN gewann sie an Stärke.
Im Glauben an IHN ertrug sie die Härte.

ER gehört zu ihrem Leben an jedem Tag.
Sie lebt ihr Leben wie ER es mag.
GOTT schenkte ihr Liebe,
als ihr Leben zerrann.

Sie weiß heute sicher,
dass mit GOTT es begann.

~ ~ ~ ~ ~ ~ ~ ~ ~ ~ ~

Gib Dir eine Chance

Du kannst die Sonne nicht mehr sehen.
Zuviel im Dunkeln ist geschehen.
Im Herzen tobt die Verzweiflung schwer.
Im Kopf lebt das Chaos mehr und mehr.
Die Seele verletzt, das Vertrauen dahin.
Du fragst Dich nach Deines Lebens Sinn.

Enttäuschung martert Körper und Geist.
Das Erkennen ständig neue Wunden reißt.
Der Tag beginnt mit Angst und Bangen.
Tränen fließen über deine Wangen.
Nichts kann brechen Dein trauriges Denken.
Nichts kann Hoffnung ins Herz Dir lenken.

Willst Du denn wirklich so weiterleben?
Willst Du Dir nicht eine Chance geben?
Willst Du nicht andere Wege gehen?
Willst Du die Sonne nicht wiedersehen?
Willst Du das Lebenslicht nicht erkennen?
Willst Du die Sehnsucht beim Namen nennen?

Glaube mir, ich kann Dich gut verstehen.
Ein neues Leben wird Dir die Angst nehmen.
Doch Stück für Stück wirst Du erleben.
Dass viele wie Du wandeln auf diesen Wegen.

Auch ihre Angst wuchs aus der Einsamkeit.
Gemeinsam fanden sie den Weg aus der Traurigkeit.

Geliebte kleine Enkelin

Ein Wunder geschah an einem Tag im Mai.
Es war der Zehnte - und ich war dabei.
Ein Kindlein wurde geboren in dieser Nacht
und hat meine Liebe für sich entfacht.

Ich denke an Momente der Glückseligkeit
und schenke Dir gern meine Zärtlichkeit.
Ich weiß, dass auch Du so fühlst wie ich.
Du kleines Mädchen - ich liebe Dich

Heut' höre ich Deine Stimme am Telefon.
Du erlebst so vieles und erzählst mir davon.
Du liebst die Sonne, den Regen, den Wind.
Mein kleines Mädchen - Du glückliches Kind.

Was immer das Leben Dir bringen mag.
Hör' mir gut zu, was ich Dir heut' sag:
‚Spürst Du mal Kummer, der Dich berührt.
Du kennst den Weg,
der Dich zu Deiner Oma führt. '

Für mein Enkelkind 1998

~ ~ ~ ~ ~ ~ ~ ~ ~ ~

Für meine Töchter

Ich bete zum Herrn,
dass er euch führt
in ein Leben,
das euch zur Heimat wird.
Meine Liebe wird euch
begleiten tagaus, tagein.
In meinem Herzen
seid ihr immer daheim.

Wenn uns das Schicksal auch entzweite.
Kein Wort geredet und das bis heute.
Nach dem Warum frage ich nicht mehr.
Gedanken an euch, die quälen zu sehr.

In Intrigen und Lügen, Hass und Zorn
ging unsere Innigkeit für immer verloren

Mein Herz wird warten bis an mein Ende
Ich werde täglich beten, falten meine Hände.

~ ~ ~ ~ ~ ~ ~ ~ ~ ~

Grauer Morgen

Grau zeigt sich der Morgen,
düster und kalt.
Übermächtig, wenn auch verborgen
er mir seine Fäuste ballt.

Dunkle Wolken auf mich schauen.
Sie lassen mich stark frieren.
Erdrücken meinen Tagestraum
und wollen Ängste schüren.

Starker Wind vom Osten weht.
Er raubt mir fast den Atem.
Jede Hoffnung auf den Tag vergeht.
Was soll ich davon halten?

Ich richte mich auf und fange an
mein Morgengebet zu sprechen.
Mein GOTT im Himmel mir helfen kann.
ER wird die Dunkelheit brechen.

~ ~ ~ ~ ~ ~ ~ ~ ~ ~

Neubeginn

Du hörst die Menschen lachen.
Doch Du kannst Dich nicht freu'n.
Kein Verstehen kann entfachen.
Nur die Verzweiflung bleibt Dir treu.

Warum willst Du nicht einfach
die Augen öffnen und verstehen,
dass Dir hilft eine höhere Macht,
um neue Wege zu begehen.

Ein Neubeginn ist nicht das Ende.
Wenn Du es heute auch so siehst.
Er ist der Anfang und die Wende.
Aber nur - wenn Du es willst.

~ ~ ~ ~ ~ ~ ~ ~ ~ ~

Verluste werden tragbar
durch das Bewusstsein,
dass Du die Freiheit
und Energie hast
Neues jederzeit zu beginnen

Kristiane Allert-Wybranietz

~ ~ ~ ~ ~ ~ ~ ~ ~ ~

Heimatlos

Es war an einem Tag im September.
Meine Gedanken schweifen aus.
Traurig verließ ich meine Heimat.
Zerrissen ging ich fort von zu Haus'.

Ich drehte mich nicht einmal um
und schaute nicht zurück.
Verzweiflung machte mich so stumm
und Tränen trübten meinen Blick.

Alle Träume ließ ich dort zurück
und auch mein Leben mit Dir.
Wie soll ich finden ein neues Glück?
Ich brauche Dich dafür.

Ruhelos ziehe ich durch diese Welt
und vermag nicht zu versteh'n,
dass mir das Leben nicht gefällt.
Ich wollte mir Dir geh'n.

~ ~ ~ ~ ~ ~ ~ ~ ~ ~

~ ~ ~ ~ ~ ~ ~ ~ ~ ~

Schau' nur hin

Siehst Du die reinen Kinderaugen?
Sie sind das Leben jetzt und hier.
Sie bitten Dich um Dein Vertrauen.
Ein ehrliches Lächeln ist der Dank dafür.

Spürst Du Deiner Kinder Wärme?
Sie möchten Dich doch fröhlich sehen.
Sie schenken ihre Liebe gerne
und Du wirst nicht alleine stehen.

Wenn auch das Leben übel spielte.
Schau' nach vorn und nicht zurück.
Wenn man scharf ins Herz Dir zielte,
schau' nach vorn und find' Dein Glück.

~ ~ ~ ~ ~ ~ ~ ~ ~ ~

Glück und Leid

GOTT hat die Weichen für uns gestellt.
Egal, ob das Schicksal uns gefällt.
Wir neigen zum Jammern und zum Klagen
und denken, wir müssen am Leben verzagen.

So ist es nicht, daran müssen wir glauben.
Wir dürfen doch öffnen unsere Augen.
Nach jedem Regen folgt der Sonnenschein.
Nur wer die Not kennt, kann auch glücklich sein.

Schlaflose Nächte und der Kummer nagt.
Die Hoffnung trägt uns in den neuen Tag.
Die Reinheit des Morgens schenkt uns die Macht
den Tag zu besiegen - GOTT über uns wacht.

GOTT prüft uns täglich in seinem Sinn.
ER schenkt jeden Morgen als Neubeginn.
ER möchte, dass wir zum Frieden finden.
ER will uns niemals an den Kummer binden.

Beginne noch heute neue Wege zu gehen.
Sie werden Dich fesseln und Du wirst sehen:
Die Freude im Herzen schenkt Dir das Glück.
Du schaust lächelnd auf das Trübsal zurück.

Denk' nicht drüber nach

Denk' nicht drüber nach was geschehen ist.
Erlaube ein Lächeln in Deinem Gesicht.
Denk' nicht drüber nach, was geschehen kann.
Es wird sich schon zeigen irgendwann.

Denk' nicht drüber nach, was Dich so quälte.
Mach' Dir doch klar, dass gar nichts fehlte.
Denk' nicht drüber nach, was Dich oft kränkte.
Vergiss nicht die Freude, die das Leben schenkte.

Denk' drüber nach und besinne Dich schnell.
Denn nach jeder Nacht scheint's wieder hell.
Kämpf' um Dein Glück, beginne doch gleich
und Du erkennst: ‚Dein Leben ist reich. '

~ ~ ~ ~ ~ ~ ~ ~ ~ ~

Gib nicht auf

Ich möchte Dir so vieles sagen.
Ich weiß es nicht. Soll ich es wagen?
Mein Leben hat mich sehr geprägt.
Er war sehr hart, mein langer Weg.

Ich lernte schmerzlich zu verstehen,
dass Träume oft im Wind verwehen.
Stark zu sein ist unendlich schwer.
Auch mich quälte der Kummer sehr.

Zorn und Trauer hab' ich gefühlt,
wenn der Schmerz die Seele wühlt.
Ich zerbrach nicht daran, was geschah.
Es verlieh mir Stärke und das ist wahr.

Not und Verzweiflung sind zu verwinden.
Vertrauen und Liebe sind wieder zu finden.
Das solltest Du wissen. Ich vertraue darauf,
dass Du drüber nachdenkst:

Gib trotz allem nicht auf

~ ~ ~ ~ ~ ~ ~ ~ ~ ~ ~

Junger Tag

Der junge Tag so sanft erwacht.
Wird er verdrängen die Schatten der Nacht?

Ich bete zum HERRN, dass er Kraft mir schenkt.
Ich flehe zu IHM, dass er mich lenkt.

Im Gebet verliert die finstere Nacht an Härte.
Und im Glauben an GOTT wachsen die Werte.

Ich spüre im Herzen Wärme und Mut.
Mit GOTTES Liebe wird alles gut.

Mein Blick sich erhebt - ich sehe ein Licht
und schaue dem Morgen in sein Gesicht.

Ich weiß noch nicht, was kommen mag.
Sei gnädig mit mir, Du junger Tag.

~ ~ ~ ~ ~ ~ ~ ~ ~ ~

GOTTES WILLE

Ich fühle den kalten Novembermorgen.
Meine Seele friert. Mich quälen die Sorgen.
Im Herzen die Trauer und ich finde kein Wort.
Die Schatten der Nacht
nahmen Dich mit sich fort.

Ich denke an Dich und was geschah.
Es ließ Dich nicht leben - das Wachkoma.
Soll ich nun weinen oder soll ich GOTT danken?
Mein Denken und Fühlen scheinen zu schwanken.

Du bist erlöst. Von den Schmerzen befreit.
Endlich fühlst Du GOTTES Barmherzigkeit.
Du darfst auch schauen SEINE Herrlichkeit.
Ich will es begreifen. Nur brauche ich Zeit.

Dein Mann, Deine Kinder: Ich verspreche Dir
werden nicht allein sein. Ich sorge dafür.
Wir werden uns stützen und versteh'n:
Es war GOTTES Wille,
dass Du musstest geh'n.

29.11.2000

~ ~ ~ ~ ~ ~ ~ ~ ~ ~

Die Natur erwacht

Die erste Frühlingssonne meine Haut erwärmt.
Ich schaue zum Himmel, der so weit entfernt.
So schwach und zart die Strahlen der Sonne.
Und doch spürt mein Herz eine leise Wonne.

Behutsam atme ich ein die herrliche Luft.
Genieße ich etwa schon Blumenduft?
Gern lasse ich zurück des Winters Launen.
Begeisterung erfüllt mich nun und Staunen.

Ich sehe das Wunder ganz nah vor mir.
Mein GOTT im Himmel hab' Dank dafür.
Ich darf schauen und fühlen,
wie die Natur erwacht.
Der Frühling so sanft in meine Seele lacht.

~ ~ ~ ~ ~ ~ ~ ~ ~ ~

Blumen für Dich

Der Tag erwacht und ich denke an Dich.
So viele Fragen, die quälen mich.
Du gingst ohne Gruß, ohne Abschiedswort
in eine andere Welt weit von hier fort.

Ist es dort schöner, wo Du nun bist?
Stimmt es, dass man dort die Sorgen vergisst?
Spürst Du nun Wärme und Wohlbehagen?
Ich weiß, Du kannst es mir nicht mehr sagen.

Deine Zeit schien leidvoll auf dieser Welt.
Doch Du hast gelebt, wie es GOTT gefällt?
Ich habe gebetet, gefleht und geweint
und hoffe, dass wir in Gedanken vereint.

Blumen trage ich nun zu Deinem Grabe.
Eigentlich möchte ich Dich noch so viel fragen.
Die Trauer in mir ist immer noch groß.
Die Frage nach dem ‚WARUM? ‘
sie lässt mich nicht los.

~ ~ ~ ~ ~ ~ ~ ~ ~ ~

Wer wirft den ersten Stein

Der Mensch hat gute Eigenschaften.
Doch seine Fehler bleiben an ihm haften.
Gibt er alles von sich, applaudiert die Menge.
Doch nur ein Fehltritt treibt ihn in die Enge.

Verachtung weicht der Sympathie von gestern.
Freunde von einst, die hört er nun lästern.
Niemand fühlt die Ängste des Verfluchten.
Niemand sah, dass einen Ausweg er suchte.

Welcher Mensch spricht von Sünde sich frei.
Wer kann von sich sagen: ‚Ich bin fehlerfrei. '
Wenn nur einer sagt, er habe niemals verlor 'n.
Der verlasse die Meute und trete nach vorn.

~ ~ ~ ~ ~ ~ ~ ~ ~ ~

Das wird sich ändern

Ich möchte verstehen die Menschen auf Erden.
Möchte täglich ein wenig klüger werden.
Doch irgendwie schaffe ich es einfach nicht.
Denn jeder Mensch zeigt ein anderes Gesicht.

Ein nettes Lächeln kann sehr bald erfrieren,
wenn ich nicht erfülle dem anderen Begehren.
Ich bemühe mich stets, Wünsche zu erfüllen.
Doch wer fragt einmal, wie ich dabei fühle?

Ich löse Probleme für andere oft.
Habe ich vielleicht ein ‚Danke‘ erhofft?
Wie eine Marionette tanz' ich im Kreise.
Will ich mir damit etwas beweisen?

Die Erfahrung zeigt mir deutlich und klar,
dass niemals im Leben nur ich wichtig war.
Nur wenn ich helfe und Lösungen suche,
darf ich ein Lächeln für mich verbuchen.

Nun ist es soweit - mein Kraftquell versiegt
und ich muss erkennen, dass niemand mir hilft.
Wo sind die Menschen, für die ich mich quälte?
Wo bleibt die Hilfe? Auf die ich doch zählte.

Was ist Angst?

Vor nichts und niemand hab' ich Angst.
Mich kann gar nichts mehr erschlagen.
Ich schaffe, was der Tag verlangt
und lasse mir nichts sagen.

Selbstbewusst erreiche ich mein Ziel.
Ich weiß mich stets zu wehren.
Mein Wunsch zählt und das was ich will.
Mein Ego zählt und mein Begehren.

Wer mich verletzt, der muss das büßen.
Ich schau' ihm zornig ins Gesicht.
Ich lasse keine Tränen fließen.

Nur schlafen kann ich leider nicht.

~ ~ ~ ~ ~ ~ ~ ~ ~ ~

Wo meine Wiege stand

Ich las ein Gedicht vom Heimatland.
Mich verzauberten die Worte:
´wo Deine Wiege stand. ´
Das Gedicht erzählte mir,
dass die Ferne nichts bringt.
Du sollst stets dort leben,
wo Deine Wurzeln sind.

Ich war mal hier und war mal dort
und fand auch ein ‚Daheim'.
Doch dieser schöne Traum
sollte nicht von Dauer sein.
Mir blutete das Herz.
Die Wehmut war groß.
Doch die Zeit war mir gnädig
Der Schmerz, ich ließ ihn los.

So wanderte ich in das Tal,
wo meine Wiege stand.
Mit der Hoffnung im Gepäck
zog ich ins Heimatland.
Doch ich fand keine Wärme.
Nichts schien so, wie es war.
Meine kuschelige Wiege,
sie stand nicht mehr da.

Ich zieh' nun weiter und weiß nicht wohin.
Ich fühle mich einsam. Egal wo ich bin.

~ ~ ~ ~ ~ ~ ~ ~ ~ ~

Phantasie

Blütenzauber und Sommerträume,
sanfter Wind und grüne Bäume.
Leises Summen und Blumenduft.
Ein Vöglein fliegt fröhlich in der Luft.

Ich lasse mich fallen in diese Pracht.
Ein schöner Tag. Eine laue Nacht.
Ich träume mich hin in eine bessere Welt.
So kann ich fühlen, was mir nur gefällt.

Sorgen verfliegen und täglicher Stress.
Frieden empfinden im Hier und Jetzt.
Ich sehe die Sonne und atme tief ein.
Nichts ist schöner, als zufrieden zu sein.

~ ~ ~ ~ ~ ~ ~ ~ ~ ~

GOTT zeigt mir den Weg

Mein ganzes Leben versprach ich GOTT allein.
ER wusch mich von allen Sünden rein.
ER forderte nicht viel. Nur Reue und Respekt.
Dafür hat ER in mir das wahre Leben erweckt.

ER nimmt mich an, so wie ich bin.
ER gibt meinem Leben den rechten Sinn.
ER bittet nur nach seinen Regeln zu leben.
ER will mir dafür seine Liebe geben.

Weiß ER denn auch, dass Menschen sich quälen?
Dass mir im Gespräch oft die Worte fehlen.
So viele Lügen dieser Welt zu bekämpfen.
Neid und Gier, wie soll ich sie dämpfen?

Böse Zungen verbreiten viel Schmutz.
Besonders den Schwachen fehlt jeder Schutz.
Gutmütigkeit wird in Dummheit verwandelt.
Ehrlichkeit wird als Schwäche gehandelt.

Mein GOTT im Himmel, ich will Dich ehren.
Unter Deinem Schutz weiß ich mich zu wehren.
Du schenkst Deine Gnade und Zuversicht.
Mein GOTT im Himmel, mehr brauche ich nicht.

~ ~ ~ ~ ~ ~ ~ ~ ~ ~

Der Rettungsanker

Ich sah den Himmel und ich sah die Hölle.
Bewegte mich auf manch stürmischen Wellen.
Die Rettungsanker vergaß ich gar zu oft.
Vergeblich habe ich auf Hilfe gehofft.

Ich dachte mir, so kann nur die Hölle sein.
Ich tat mir oft leid und habe geweint.
Doch immer wieder tat sich ein Licht mir auf
und ich sah erfreut zum Himmel hinauf.

Mir wurde deutlich: In meinem Leben
kann kein Mensch mir etwas geben.
Leichtsinn ist nicht in GOTTES Sinn.

Befolge ich seine Regeln,
so wirft er mir den Rettungsring.

~ ~ ~ ~ ~ ~ ~ ~ ~ ~

Zügele Deine Zunge

Ich höre Dir zu und mir wird ganz kalt.
Deine Worte sind heftig. Du sprichst von Gewalt.
Dir ist nicht klar, was Du mir sagst.
Aus Deiner Seele sprüht glühender Hass.

Dein Zorn ist spürbar. Erschlägt mich nun fast.
Sage mir, warum Du die Menschen hasst.
Du verachtest, richtest, und bist wie besessen.
Unterstrichen mit Gesten willst Du verletzen

Ich weiß nicht recht, was Du eigentlich willst?
Überlege doch bitte, was Du da sprichst.
Vermutungen, Sätze der Eventualitäten
lassen Dich immer übler reden.

Ich frage Dich nun: ‚Wer gibt Dir das Recht?
Du weißt doch genau. Nicht alles ist schlecht.
Wenn Du gelernt hast, Dich zu kontrollieren.
Dann werden wir wieder Gespräche führen.

Wie soll ich Dir eigentlich jemals vertrauen.
Denn so manches Wort hat mich umgehauen.
Lächelst Du mal freundlich im Augenblick
muss ich mich fragen: ‚Ist das ein Trick? ‘.

Du hast kein Recht die Menschen zu richten.
Du darfst mit Worten nicht alles vernichten.
Verbanne den Hass aus Deiner Seele.
Es werden Dir Freunde nicht mehr fehlen.

Sorge Dich nicht und lebe

Versuche nicht nach den Sternen zu greifen.
Bedenke doch - sie sind viel zu weit.
Lass Dein Denken nicht unendlich schweifen.
Nutze für das Wesentliche Deine wertvolle Zeit.

Denke nicht bereits gestern an morgen.
Lebe besonnen im Jetzt und Hier.
Quäle Dich nicht ständig mit Alltagssorgen.
Schenke doch gute Gedanken Dir.

Beginne endlich Dich selbst zu lieben
und Deine kleinen Fehler verzeihe Dir.
Versuche nicht immer Dich zu besiegen.
Du zahlst einen hohen Preis dafür.

Glaube an Dich und beginne schon gleich
Dein Leben zu ändern und neue Wege zu gehen.
Ich kann Dir sagen - das wird nicht ganz leicht.
Doch es wird sich lohnen - das wirst Du sehen.

~ ~ ~ ~ ~ ~ ~ ~ ~ ~

Abschied

Ein kühler Wind weht an diesem Tag.
Ich schreite den Weg, den ich so gerne mag.
Zum letzten Mal - ich spüre den Schmerz.
Zum letzten Mal - mir blutet das Herz.

Mein Körper bebt und ich muss weinen.
Ich spüre Schwäche. Nicht nur in den Beinen.
Traurigkeit macht meine Seele so leer.
Eine quälende Last wiegt viel zu schwer.

Ich nehme Abschied von meiner Welt.
Ob mir das Leben je wieder gefällt?
Ich schaue zum Himmel - zu meinem HERRN
und hab' das Gefühl, auch ER ist mir fern.

Mein Körper schmerzt. Meine Seele brennt.
Ich weiß, dass man das Verzweiflung nennt.
Ich frage IHN, wann er meine Wunden heilt.
Ich nehme Abschied von der Vergangenheit.

~ ~ ~ ~ ~ ~ ~ ~ ~ ~ ~

Die Zeit mit Dir

Ich war sehr jung,
als ich fest an mich glaubte.
Du gabst mir die Kraft,
die man später mir raubte.

Was damals geschah
werde ich niemals versteh'n.
Was auch geschieht,
meinen Weg muss ich geh'n.

Die Zeit mit Dir,
sie ist nicht zu beschreiben.
Die Zeit mit Dir,
zwischen lieben und leiden.

Die Zeit mit Dir,
ich habe sie besessen.
Die Zeit mit Dir,
ich muss sie vergessen.

~ ~ ~ ~ ~ ~ ~ ~ ~ ~ ~

Nur ein Gedanke

Ich denke zurück an eine bittersüße Zeit.
An Liebe und Hoffnung. An Kummer und Streit.
Ich denke auch an Nähe und Zärtlichkeit.
An große Distanz und Überheblichkeit.

Ich denke vielleicht ein wenig zu viel.
In meine Gedanken zwingt sich ein Gefühl.
Ich denke und fühle, das tut mir nicht gut.
Ich belasse es besser bei Zorn und Wut.

Aber war das denn alles? Ich glaube es nicht.
Ich sehe noch immer Dein liebes Gesicht.
Nicht alles war schlecht und verlogen dazu.
Tief in meinem Herzen lebst immer noch Du.

~ ~ ~ ~ ~ ~ ~ ~ ~ ~ ~

Gefühle

Ich lebe mein Leben nur für mein Kind.
Ich fühle Liebe, wenn wir zusammen sind.
Sein Lachen schenkt mir Glückseligkeit.
Seine ehrlichen Augen spiegeln Zärtlichkeit.

Seine lieben Worte streicheln mein Herz.
Sein vertrauter Blick heilt jeden Schmerz.
Ihm gehört meine Liebe. Er ist mein Glück.
Er gibt mir den Glauben an das Leben zurück.

Schau' ich ihn an voller Dankbarkeit.
Denke ich gern an eine schöne Zeit.
Eine Zeit, in der ich sehr glücklich war.
In dieser Zeit warst auch Du noch da.

Für Christian 1990

~ ~ ~ ~ ~ ~ ~ ~ ~ ~

Ich habe begriffen

Ich ging einst von Dir und fühlte mich frei.
Ich packte meine Sachen und lachte dabei.
Zuviel war geschehen und nicht zu verzeih 'n.
Zuviel war zerbrochen - es musste so sein.

Ein neues Leben lag strahlend vor mir.
Kein wenig schmerzhaft der Abschied von Dir.
Nun war ich frei und ich tat was ich wollte.
Dachte nicht dran, was kommen sollte.

Die neue Freiheit, sie gefiel mir nicht.
Immer öfter sah ich vor mir Dein Gesicht.
Ich kam zurück in die Vergangenheit.
Doch Du warst fort so unendlich weit.

Ich musste begreifen, dass nichts mehr war da.
Ich musste verstehen, die Trennung war klar.
Dies zu erkennen ließ mich zur Säule erstarren
und in unendlichem Schmerz allzeit verharren.

~ ~ ~ ~ ~ ~ ~ ~ ~ ~ ~

Was fühlst Du?

Fühlst Du Dich fröhlich und gut gelaunt?
Strahlt das Glück aus Deinen Augen?
Hörst Du, wie der leise Sommerwind raunt?
Kann die Freude Dir den Atem rauben?

Bist Du nun in Deiner Welt zufrieden?
Hat sich die Leere in Dir gefüllt?
Fühlst Du Dich nie mehr aufgerieben?
Sind Deine Erwartungen alle gestillt?

Hast Du denn Deinen Frieden gefunden?
Die Sehnsucht danach quälte ständig Dich.
Hast Du Dich an Deine Wünsche gebunden?
Oder denkst Du manchmal auch an mich?

~ ~ ~ ~ ~ ~ ~ ~ ~ ~ ~

Mein Traum

Die Sonne strahlt hell auf die Wiese vor mir.
Glückselig und lachend gehe ich neben Dir.
Erzähl' Dir von gestern, von heute und dann
schmieg' ich mich an Dich, so fest ich kann.

Deine Augen strahlen. Dein Lächeln gehört mir.
Dein Mund, der flüstert: ‚Ich gehöre zu Dir'.
Deine Hand schenkt mir Kraft und Geborgenheit.
Wir halten uns fest und wir vergessen die Zeit.

Ich fühle in mir die Glückseligkeit.
Vergessen der Kummer. Vorüber das Leid.

Ich öffne die Augen und glaube es kaum.
Der Schmerz hat mich wieder:
Es war nur ein Traum.

~ ~ ~ ~ ~ ~ ~ ~ ~ ~ ~

Trübe Gedanken?

Hörst Du die sanften Stimmen im Wind?
Spürst Du auch die Sehnsucht im Herzen?
Weinst Du um Träume, die verloren sind?
Quälen Dich der Vergangenheit Schmerzen?

Trüben Tränen verzweifelt Deinen Blick?
Rührt Dich der Gedanke an vergangene Tage?
Sehnst Du Dich vielleicht heimlich zurück?
Dann höre mir zu, was ich Dir jetzt sage!

Lass es nicht zu, dass die Trauer Dich quält.
Nutze all Deine Kraft um zu vergeben.
Du wirst erkennen, dass nichts mehr Dir fehlt.
Du findest im Herzen den Frieden.

~ ~ ~ ~ ~ ~ ~ ~ ~ ~ ~

Die Stimme in Dir

Höre gut zu, was Deine Seele Dir sagt.
Schau' genau hin, wenn Kummer an Dir nagt.
Lausche der Stimme, die Dir etwas sagen will.
Erkenn' Dich selbst und steh' zu Deinem Gefühl.

Willst Du stets wandern im düsteren Tal?
Möchtest Du sehen bunte Lichter überall?
Sehnst Du nach Wärme und Nähe Dich?
Oder suchst Du Hoffnung und Zuversicht?

Diese Fragen richte an die Stimme in Dir.
Ehrliche Antworten sind der Lohn dafür.
Deine Seele wird frei. Dein Körper entspannt.
Geh' jede Sekunde mit Dir Hand in Hand.

~ ~ ~ ~ ~ ~ ~ ~ ~ ~

Was auch geschah

Ich möchte Dir heut' sagen, egal was geschah.
Immer im Leben bin ich für Dich da.
Die Freundschaft, die uns viele Jahre verband.
Lass sie doch leben - ich reich' Dir die Hand.

Wer hat denn die Schuld auf sich geladen?
Wer hat unsere Freundschaft letztlich verraten?
Wer schürte den Zorn bis hin zur Verachtung?
Wer schenkte dem Frieden keine Beachtung?

Keiner von uns ist ohne Schuld.
Uns fehlte einfach nur die Geduld.
Wir werden beide unsere Wege gehen.
Doch lass uns im Herzen wieder verstehen.

Vielleicht bringt die Zukunft Dir einen Tag,
an dem Du allein bist und niemand Dich mag.
Ich bin Dein Freund, wenn es auch nicht so schien.
Öffne Dein Herz - Du weißt wo ich bin.

2004

Kleiner Tim

„Weißt Du, warum die Blume blüht?
Kannst Du mir sagen, warum die Sonne glüht?
Wieso gibt es Krieg in vielen Ländern?
Weshalb kannst Du das Wetter nicht ändern?"

Zwei große Augen schauen mich fragend an.
Ich denke kurz nach, was ich antworten kann.
Das kleine Gesicht, ein Mund der nie schweigt.
Beinahe war ich zu einer Antwort bereit.

„Oma, Du bist doch so alt und musst es wissen,
warum Kinder täglich so viel lernen müssen?
Weißt Du: Die Schule macht mir oft Verdruss.
Sage mir doch, warum ich dorthin gehen muss?"

„Warum darf ich nicht immer Fahrrad fahren?
Weshalb soll ich überall Ordnung bewahren?
Wieso darf ich beim Essen nicht reden so viel?
Ich möchte einfach nur tun was ich will!"

„Kleiner Timmy, hör' mir mal zu.
Ein Lichtblick in meinem Leben, das bist Du.
Frag' bitte nicht, was ein Lichtblick ist.
Will einfach nur sagen, wie lieb Du mir bist.

Ich reich' ihm die Hand und muss dabei lachen.
„Möge Gott im Himmel Dich stets bewachen."
Seine vielen Fragen - ich profitiere davon.
Denn ich liebe meinen kleinen Enkelsohn.

Für Timmy 2004

~ ~ ~ ~ ~ ~ ~ ~ ~ ~

Ein neuer Tag

So manche Enttäuschung erlebtest Du oft.
Du hast etwas anderes vom Leben erhofft.
Die Traurigkeit prägt Dein Leben sehr.
Verbitterung und Wut - Deine Seele so leer.

Schau' den Morgen, der das Licht Dir bringt.
Höre den Vogel, der sein Lied Dir singt.
Blicke zum Himmel und spüre die Sonne.
Nimm auf die Natur - diese wahre Wonne.

Sicher gehört zum Leben auch das Leid.
Vergiss mit dem Morgen den gestrigen Streit.
Leg ab den Kummer, den Zorn und den Gram.
Fang jeden Tag noch einmal von vorne an.

~ ~ ~ ~ ~ ~ ~ ~ ~ ~

~ ~ ~ ~ ~ ~ ~ ~ ~ ~

Zauberhafter Engel

Ich schaue Dich an und fühle in mir
starke Gefühle und sie gehören Dir.
Kleiner Engel - Du süßer Wirbelwind.
Kleiner Engel - Du fröhliches Kind.

Du schaust mich an und lächelst dabei.
Ich fühle mich sorglos und unendlich frei.
Meine Hand findet Deine und hält sie sanft.
Ich danke GOTT, dass Deine Liebe ich fand.

Deine blauen Augen strahlen mich an,
dass ich Dir niemals böse sein kann.
All' Deine Streiche machen mir nichts aus.
Ich lache darüber und lerne daraus.

Kleiner Engel - mein Sonnenschein.
Bleib' wie Du bist, so ehrlich und rein.
Kleiner Engel - ich mag Dich so gern.
Du bist meinem Herz niemals fern.

~ ~ ~ ~ ~ ~ ~ ~ ~ ~

Ziele

Die Wege des Lebens gleichen einem Labyrinth.
Gepflastert mit Steinen, die uneben sind.
Geh' nicht einfach drauf los. Such' Dir ein Ziel.
Nur der kommt gut an. Der weiß wohin er will.

Früchte von Sträuchern an des Weges Rain
müssen nicht immer gut für Dich sein.
Lass Dich nicht verführen von schönen Früchten.
Denn sind sie giftig, werden sie Dich vernichten.

Schau nach vorn und wandere zu Deinem Ziel.
Denn nur mit Besonnenheit erreichst Du viel.
So wirst Du alle Stolpersteine überwinden
und die Erfüllung Deines Lebens finden.

~ ~ ~ ~ ~ ~ ~ ~ ~ ~

Suche und finde Dich

Der Glanz Deiner Augen - Dein Blick der mir sagt,
dass Du nichts fürchtest und das Leben Du magst.
Dein Lächeln am Morgen und Deine Heiterkeit
zeigen mir täglich Deine Unbekümmertheit.

Auf die Kinderjahre siehst Du gerne zurück.
Ein jeder neue Tag bringt Dir ein kleines Glück.
Schwierige Stunden machen Dir nicht viel aus.
Du bewältigst sie sicher und lernst daraus.

Doch was ist geschehen? Du lachst nicht mehr.
Dein Körper ist kraftlos - Deine Augen so leer.
Nach Hilfe suchend schaust Du mich fragend an.
Der Weg ist so schwer - vom Knaben zum Mann.

Unsere vertraute, ungetrübte Zweisamkeit
ist kaum noch zu spüren. Ist unendlich weit.
Fragen an mich und das Leben Du stellst.
Du willst nicht verstehen das Unrecht der Welt.

Mein Mutterherz weint. Es beginnt zu verzagen.
Meine Seele schreit und möchte Dir sagen:
„Geh' Deinen Weg - suche und finde Dich.
Vielleicht öffnet Dein Herz
sich auch wieder für mich."

~ ~ ~ ~ ~ ~ ~ ~ ~ ~

Vermessen

Was glaubt ihr eigentlich, wer ihr seid.
Zur Versöhnung seid ihr nicht bereit.
Von Schuld zu reden ist euer Sport.
Die Wahrheit schiebt ihr ganz weit fort.

Ihr urteilt lautstark und fühlt euch wichtig.
Was ihr tut, nur das findet ihr richtig.
Nie musstet ihr handeln in Not und Pein.
Nie wart ihr mit euren Sorgen allein.

Und doch tut ihr mir unendlich leid.
Euch blieb versagt die Menschlichkeit.
Ihr seid selbstherrlich und oft gemein.
Ich bete zu GOTT, ich will so nicht sein.

~ ~ ~ ~ ~ ~ ~ ~ ~ ~

~ ~ ~ ~ ~ ~ ~ ~ ~ ~ ~

Was ist der Sinn
in unserem Leben?
Ist es die Liebe,
die wir geben?
Ist es das Ziel
bescheiden zu sein?

Oder die Suche
nach Sonnenschein?
Ist es vielleicht
das Glück zu finden?
Oder täglich zu leben
ohne Sünden?

Wahrscheinlich von allem
ein klein wenig nur.
Das macht uns glücklich
und fröhlich dazu.

GOTT ist mit uns
am Abend und am Morgen.
ER kennt unsere
großen und kleinen Sorgen.

ER liebt uns alle.
Nicht mehr und nicht minder.
ER möchte, dass wir leben.
Wir sind SEINE Kinder.

~ ~ ~ ~ ~ ~ ~ ~ ~ ~ ~

Ein stiller Moment

Halt' einfach mal inne - nur einen Augenblick.
Schenk' Dir etwas Ruhe für Dein Seelenglück.

Nur mit dem Herzen siehst Du immer gut.
Doch dazu brauchst Du neue Kraft und Mut.

Dein Verstand kann nicht fühlen.
Er weiß nicht, was für Deine Seele wichtig ist.
Er konkurriert mit den Gefühlen.
Weil er sieht, dass Du Dein eigener Meister bist.

Folge Deiner inneren Stimme
und höre ihren warnenden Unterton.
Denn was für Dich im Leben wichtig ist,
das weißt Du sicher schon.

Lebe glücklich, fröhlich und selbstbewusst.
Du wirst von GOTT behütet, egal was Du auch tust.

Lebe Dein Leben, so wie es Dir gefällt.
Du bist der Mittelpunkt in Deiner eigenen Welt.

Und weil Du wichtig und einzigartig bist,
danke dem Schöpfer - dass es so ist.

RW - UKS

Ein Lied im Wind

Am Wegesrand lass erschöpft ich mich nieder.
Der Wind singt leise mir seine Lieder.
Er raunt seine Weisen, die ins Herz mir dringen.
Will er mir Hoffnung und Frohsinn bringen?

Ein Hauch von Wehmut und Melancholie
ergreift meine Seele und schürt die Phantasie.
Der Wind vertraut mir sein Geheimnis an.
Ich höre ihm zu, so gut ich nur kann.

Er sah die Sonne, den Mond und die Welt.
Er glitt durch die Lande, wie er mir erzählt.
Nicht immer zog er rastlos durchs Leben.
Menschen zu helfen, das war sein Bestreben.

Schien die Sonne heiß, blies er ganz sachte.
Den Menschen er die Abkühlung brachte.
Den Wolken half er sich zu bewegen.
Denn die Natur braucht auch etwas Regen.

Ihn liebten die Menschen - er tat was er sollte.
Fragte doch niemand, was er denn mal wollte?
Dann kam der Tag, an dem er sich aufbäumte.
Frustriert und gelangweilt vor Zorn er schäumte.

→

←

Nur einen Moment der Unbesonnenheit.
Nur einen Augenblick der Überheblichkeit.
Der Wind stürmte und raste vor Übermut.
Er jagte die Wolken in der Sonnenglut.

Die Wolken blickten düster und wurden dunkel.
Der Wind sah nicht ihr gefährliches Funkeln.
Sein Feind, der Blitz kam rasend schnell.
Ein Unwetter tobte wie Feuer so grell.

Der Wind erschrak und versuchte zu lindern.
Doch die Katastrophe war nicht zu verhindern.
Menschen, die angstvoll eine Zuflucht suchten.
Menschen, die zornig den Wind verfluchten.

Ich sitze noch immer an des Weges Rand.
Spüre deutlich, was mit dem Wind mich verband.
Seit jenem Tag zieht er einsam umher.
So recht schenkt ihm niemand Vertrauen mehr.

Schwer wiegt mein Körper. Der Wind nun schweigt.
Seine Beichte lässt mich vergessen Raum und Zeit.
Es fällt mir nicht schwer, den Wind zu verstehen.
Ich werde wie er, meinen Weg alleine gehen.

~ ~ ~ ~ ~ ~ ~ ~ ~ ~ ~

Augenblicke

Ich habe versucht ohne Dich zu leben.
Nicht einen Gedanken wollt' ich Dir geben.
Ich habe versucht neue Wege zu gehen
und hoffnungsvoll in die Zukunft sehen.

Doch das, was mit Dir mich verband
nirgendwo auf dieser Welt ich fand.
Eine Liebe so endlos - sie ist verloren.
Eine Liebe so ziellos wird nie wieder geboren.

In den Augen der Kinder sehe ich Dich.
Darin spüre ich ein wenig Trost für mich.
In den Herzen der Kinder bist Du daheim.
Dann will auch ich zufrieden sein.

Kaum zu ertragen ist der große Schmerz
und ständig zu spüren die Reue im Herz.
Die Sehnsucht trägt keinen Namen mehr.
Heimweh nach nirgendwo trifft mich schwer.

Wenn Dich irgendwann Gefühle quälen.
Willst Du sie mir in Gedanken erzählen?
GOTT kennt unsere Herzen und sieht hinein:
IHN kann nichts blenden. IHN trügt kein Schein.

Ich weiß, ich werde Dich nicht mehr seh'n.
Nie wieder werd' ich an Deiner Seite geh'n.
Doch meine Sehnsucht ist immer bei Dir.
Öffne Dein Herz und verzeihe mir.

~ ~ ~ ~ ~ ~ ~ ~ ~ ~

Ich bin ich

Ich kenne all des Lebens Normen.
Doch ich passe nicht hinein.
Ich bin abstrakt und nicht zu formen.
Ich gehör' nur mir allein.

Soll denn mit dem Strom ich schwimmen?
Die Enge zwängt mich ein zu sehr.
Soll ich denn fremde Lieder singen?
Mein eigner Reim, er gibt mir mehr.

Ich falle gern mal aus dem Rahmen
und bleibe treu nur mir allein.
Ich will nicht jedermann nachahmen.
Denn allzu oft trügt nur der Schein.

~ ~ ~ ~ ~ ~ ~ ~ ~ ~

Meine Liebe

Traurige Nächte sind vergangen
als ein Traum in mir zerbrach.
Mir blieben nur Erinnerungen.
Ich weinte meiner Liebe nach.

Mein Herz, es wollte nicht verstehen,
dass meine Liebe einfach ging.
Meine Seele schien zu sterben,
weil sie an meiner Liebe hing.

Gefühle drehten sich im Kreise.
Gedanken wollten Rache seh'n.
Doch die Sehnsucht nach der Liebe,
ließ mich nicht mehr weiter geh'n.

Mein Körper fror im Sonnenschein
und war nicht zu erhitzen.
Ich brauchte meine Liebe nur.
Gern wollt' ich sie besitzen.

Schmerzlich musste ich erkennen.
Meine Liebe kommt niemals zurück.
Sie suchte sich ein neues Ziel
und fand auch ohne mich ihr Glück.

Ich lass Dich zieh'n, Du meine Liebe.
Denn ich werd' leben ohne Dich.
Nimm mit dir die Erinnerungen,
dann wird's leichter auch für mich.

Jeder neue Morgen

Was möchte Dir die Zukunft sagen,
wenn Du ihr heute Fragen stellst.
Was würde Dir das Gestern flüstern,
wenn Du ihm heut' davon erzählst.

Wer wird Dir Deinen Traum erfüllen,
der stets in dir lebendig ist.
Wer wird dich lieben und verstehen,
wenn du auch mal traurig bist.

Was bringt der Tag nach dieser Nacht?
Wird die Sonne heller scheinen?
Was spiegelt heute dein Gesicht?
Wird es lachen oder weinen?

Was kann dir heute schon geschehen?
Nimm es einfach wie es kommt.
Der Glaube an den jungen Tag
wird mit Freud' und Glück belohnt.

~~~~~~~~~~

So ist das Leben

Das Leben ist ein Labyrinth
Doch geh' getrost hinein.
Hast Du die Wege erst erkundet,
wirst Du fürs Leben stärker sein.

Sehr harte Stolpersteine
findest Du auf deinem Pfad.
Du musst nicht drüber fallen.
Höre, was dein Herz dir sagt.

,Ja, geh' des Lebens geraden Weg,
den GOTT DER HERR Dir ebnet.
Schau nach vorn und nicht zurück.
Du bist von GOTT gesegnet. '

Wenn Deine Kräfte schwinden,
und der Mut dich auch verlässt.
Wenn die Träume zerrinnen
und pure Angst Dich dann besetzt.

So richte Dich auf und
schau' auf GOTTES Werke hin.
Die Natur und ihre Wunder
zeigen Dir den wahren Sinn.

Menschen können dich verletzen
und nehmen Dir, was du geliebt.
GOTT will Dir SEINE Nähe schenken,
die kein Mensch Dir wirklich gibt.

Lass Deine Seele nicht frieren

Wenn das Schweigen in Dir brennt
und die Stille laut ertönt.
Wenn Träume Dir den Schlaf versagen
und die Nacht kein Ende nimmt.

Wenn kalte Winde dich erschüttern
und der Sturm Dich frieren lässt.
Wenn Blitz und Donner sich verbünden
und der Regen Dich durchnässt.

Wenn Freunde sich von Dir abwenden
und die Traurigkeit Dich sehr zermürbt.
Wenn Kinder eigne Wege gehen
und kein Weg zu Dir mehr führt.

Dann lass nicht Deine Seele frieren
und zerbrich auch nicht daran.
Lass Sturm und Regen weiterziehen
und streb' doch andre Ziele an.

Das Schweigen kannst nur Du verbannen
und Stille kann sehr heilend sein.
Die Träume wollen etwas sagen.
Mit ihnen bist du nicht allein.

Gib Dich hin den späten Träumen
und der Stille einer Nacht.
Lass deine Phantasie auch sprechen.
Und neues Leben wird entfacht

Ein Hauch von Ewigkeit

In einer unvergessen schönen Zeit
fühlte ich den zarten Hauch von Ewigkeit.
Ich sah den Regen silbern schimmern
und die heiße Sommersonne flimmern.
Grauen Wolken verlieh ich ein Farbenspiel.
Im Glanz der Sterne lag Hoffnung so viel.
Zärtlich an das Himmelszelt geschmiegt
sang ich dem Silbermond mein Liebeslied.

Ich fühlte einen Hauch von Ewigkeit.
und spürte nicht. Sie ist weit so weit.
Die Sterne verloren ihren hellen Schein.
Silberner Regen vom Himmelszelt weint.
Liebeslieder ohne ihren zarten Klang
verloren die Stimme, die einst liebend sang.
Der Herbststurm brach eine schöne Zeit.
Er zerstörte den Hauch von Ewigkeit.

Dein Lebenstraum im Wind verweht.
Die Hoffnung sich im Kreis nur dreht.
Das Glück von gestern ging von dir.
Lass all das los und glaube mir.
Dein Herz wird neue Träume leben.
Und Hoffnung, sie wird GOTT dir geben.
Das Glück von heut' will dich begleiten
im JETZT und HIER, für alle Zeiten.

Drum sei bereit und glaub' daran,
dass jeder Tag dich lieben kann.
Dass jeder Morgen Freud' dir schenkt
und dich auf neue Wege lenkt.

Träume schmelzen in der Glut

Das Morgenrot, es wirft sein Licht
auf meine blassen Wangen.
Der Morgentau, er liegt im Gras
um meine Tränen aufzufangen.

Der Morgensonne schwache Strahlen
mein trauriges Herz heut' nicht berührt.
Das Spiegelbild mir leise flüstert:
‚das Feuer, das hast du geschürt. '

Wenn Flammen lodern in der Seele
und Träume schmelzen in der Glut.
Wenn Worte nur noch zügellos
sich brüsten in der brennenden Wut.

Der Brand hat nun all das zerstört,
was einst so bunt geblüht.
Grau wie die Asche grinst der Tag.
Auch er nicht mit mir fühlt.

Ich hab' verlor 'n, was ich so liebte,
weil ich dem Zorn gefügig schien.
Ich ließ verbrennen meine Träume.
Ihre Asche mit dem Winde zieh'n.

Das Morgenrot mein trauriges Herz
ein wenig streichelt und versteht.
Der Morgentau lässt meine Tränen
silbern glänzend schön asseh'n.

Der Morgensonne schwache Strahlen
meiner Seele Farbe schenkt.
Mein Spiegelbild nun Trost mir spendet:
‚Wenn dich nur die Reue lenkt.

Einmal zu oft

Eine samtweiche Stimme im Radio
singt von Liebe, von Schmerz und von Glück.
Er singt, als kenne er ihre Gefühle.
Auch er wünscht sich die Liebe zurück.

Doch bittere Kälte folgte dem Sonnenschein.
Das hat wohl so mancher schon erlebt.
Du kannst keine Liebe verlieren,
wenn diese dir niemals gehört'.

Er hat viel zu oft ihre Liebe verraten
und sie tief in der Seele verletzt.
Er hat ihr immer wieder die Treue geschworen
und diese dann mit Lügen ersetzt.

Aus Liebe blieb sie bei ihm Tag für Tag
und gebetet, geweint und gehofft.
Doch er sah keine Tränen, kein Bitten, kein Fleh 'n.
Schließlich brach ihr Herz, denn er log einmal zu oft.

Als sie fort war liefen Tränen über sein Gesicht.
So wie bei ihr schon die ganze Zeit.
Er war sich nicht eines Fehlers bewusst
und zerfloss beinahe vor Selbstmitleid.

Sie weiß heute nicht, ob es jemals ihn reute.
Sie weiß heute nicht, ob er je an sie denkt.
Doch eines weiß sie gestern und heute,
dass ohne ihn ihr Herz schmerzlich brennt.

~ ~ ~ ~ ~ ~ ~ ~ ~ ~ ~

Ich schätze mein Leben

Schaue versonnen zum Fenster hinaus.
Mein Blick streift ein mir vertrautes Haus.
Sturm und Regen peitschen die Wände.
Will der trübe Himmel eine Botschaft mir senden?

Das stürmische Wetter. Es ängstigt mich nicht.
Ein zufriedenes Lächeln entspannt mein Gesicht.
Nicht nur der Kachelofen erwärmt heut' mein Herz.
Denn ich habe verwunden den Lebensschmerz.

Die Jahre der Jugend sind zu schnell vergangen.
Dann hielt das Leben mit Sorgen mich gefangen.
Pflichten und Bürden, sie erdrückten mich fast.
Ich musste tragen so manch schwere Last.

Ich sah die Sonne, den Regen und den Wind.
Ich musste erkennen, wie die Menschen sind.
Ich ließ ziehen meine Kinder in ihre eigene Welt.
Doch wen interessierte, was mir denn gefällt?

Die Jahre vergingen und ich durfte erfahren,
dass meine Mühen nicht sinnlos waren.
Heut' lehne ich mich sorglos im Sessel zurück
und schaue auf mein bescheidenes, kleines Glück.

~ ~ ~ ~ ~ ~ ~ ~ ~ ~

Hyänen lachen leise

Sie schleicht sich heimlich in dein Leben.
Entführt dich in ihr Liebesland.
Sie raubt dir nicht nur deinen Atem.
Sie stiehlt dir auch noch den Verstand.
Verspricht dir wunderbare Träume.
Ein Leben voller Zärtlichkeit.
In ihren Armen darfst du schweben.
Mit ihr vergisst du Raum und Zeit.

Sie wird dich lieben und verstehen.
Ersetzen was dir wichtig war.
Deine Seele wird sie streicheln
und sie ist immer für dich da.
Du bist verzaubert und willst gehen
mit ihr in eine bessere Welt.
Bist ihrem Liebeswahn verfallen.
Sprichst nur das, was ihr gefällt.

Du lebst nun deinen Traum mit ihr
und du musst nicht mehr denken.
Denn ihre Liebe ist so groß
und sie weiß dich zu lenken.
Du hast vergessen mitzunehmen,
das was mal wichtig war für dich.
Dein Zuhause, deine Kinder
und damals gab es auch mal mich.

Schau' niemals kritisch, was geschah.
Sie wird den Weg dir weisen.
Sie lächelt sanft und hüllt dich ein.
Denn Hyänen lachen leise.

Die ‚Großen' der Schreiber dieser Welt.
Ich bewundere sie sehr.
Wo nehmen die vielen Worte
für ihre Wunderwerke her?

Ich winziger, kleiner Schreiberling
mit den banalen Texten,
kann mich im ganzen Leben nicht
an diesen Meistern messen.

Doch eines möchte ich Dir sagen,
wenn du meine Reime liest.
Ich schreib' für dich, für Dich alleine.
Nur weil du mir so wichtig bist.

~ ~ ~ ~ ~ ~ ~ ~ ~ ~

Schiller, Goethe und Fontane

Ich mag John Maynard, den Fontane beschrieb.
‚Die Schwalbe über ‘m Eriesee‘ mir im Herzen blieb.

Auch ‚Graf Douglas‘ ließ atmen mich schwer.
Seine Treue zu Jakob war tief wie das Meer.

Ja, Theodor Fontane und seine Geschichten
wollen, dass wir den Blick auf sie richten.

Goethe brachte den Erlkönig mir nah.
Aber Friedrich von Schiller als Favorit ich sah.

Eine stolze Ballade so mutig und sentimental.
Auch listig, berechnend oder eher brutal?

Des Tyrannen Herz von Freundschaft berührt.
Des Wüterichs Seele von der Treue gerührt.

Ich lese die ‚Bürgschaft‘
und schau‘ auf dich, mein Freund hin.
Was willst du für mich geben?
Wo liegt unsrem Bunde der tiefe Sinn?

~ ~ ~ ~ ~ ~ ~ ~ ~ ~ ~

Bete und glaube

Ich bete zum HERRN,
dass er Gesundheit mir schenke.
Dass er mein Herz schützt
und die schwachen Gelenke.
Mein Gesicht erzählt vom Leben.
Manches Haar schimmert grau.
Im Herbst meines Lebens
bin ich eine zufriedene Frau.

Dieses und mehr sagt
der Himmel heut' morgen.
Ich muss mich wegen
der Stürme nicht mehr sorgen.
Ich genieße die Ruhe
nach den bewegten Jahren.
Darf Wärme und Güte
in meiner kleinen Welt erfahren.

~ ~ ~ ~ ~ ~ ~ ~ ~ ~

Wir schenken uns Liebe

Wir schwammen
durch den Ozean der Gefühle.
Wir träumten
und verschmolzen unsere Ziele.

Wir flogen dahin
zu den silbernen Sternen.
Wir küssten uns zärtlich
in diese endlose Ferne.

Ich fühlte mich leicht
wie eine Feder im Wind.
Ich zog in das Land,
wo die Liebesträume sind.

Wir tanzten im Sommerregen
und schwebten dahin.
Zeigten der Morgenröte
wie glücklich wir sind.

Wir schenkten uns Liebe,
Treue und Harmonie.
Wir tanzen noch heute
ins Land der Phantasie.

Das Leben mit Dir
schenkte die Freiheit mir.
Du lässt mich heute noch schweben.
Ich danke dir dafür

~ ~ ~ ~ ~ ~ ~ ~ ~ ~

GOTTES Bewahrung

Eine grüne Wiese und ein Fliederbaum.
Blühende Blumen und ein Tagestraum,
In diesem Traum zwei Kinder leben,
die täglich neue Kraft und Liebe mir geben.

Ich träume davon, dass das Glück ihnen hold
und wünsche den beiden ein Herz aus Gold.
Ich bete zu GOTT, dass ER sie bewahre
und den zwei Schätzen das Unheil erspare.

Ihr werdet getragen von GOTTES Hand.
Hütet in eurer Seele dies unsichtbare Band.
Haltet die Herzen in SEINEM Sinne rein.
So wird euch SEIN Segen stets sicher sein.

~ ~ ~ ~ ~ ~ ~ ~ ~ ~

Sehnsucht

Ein junger Mann vor mir heut' steht.
Ich sehe, wie sein Körper bebt.
Seine Hände zittern, seine Knie sind weich.
Ich schau' ihn an. Sein Gesicht ist bleich.

Augen, die sprechen und klagen an.
‚Ich wollt' ihn vergessen, irgendwann. '
Nach vorn gebeugt schaut er hilflos zu mir.
Er flüstert leise: ‚Was kann ich denn dafür? '

Mit schwacher Stimme fängt zu reden er an.
Er möchte erklären, so gut er nur kann.
Er vermisst einen Mann, den er kaum kennt.
Er vermisst einen Mann, den er ‚Vater' nennt.

Sein Verstand will begreifen.
Doch sein Herz kann es nicht.
Er möcht' mit ihm reden.
Schauen in des Vaters Gesicht.

Ich nehme ihn zärtlich in meine Arme.
Wann wird das Schicksal sich erbarmen.
Wann spürt ein Vater,
dass sein Sohn ihn vermisst?
Wann weiß ein Vater, wie wichtig er ist?

Die kleinen Dinge

Was ist wichtig in unserem Leben?
Ist es die Liebe, die wir geben?
Ist es das Ziel bescheiden zu sein?
Oder die Suche nach Sonnenschein?

Ist es vielleicht das Glück zu finden?
Oder täglich zu leben ohne Sünden?
Wahrscheinlich von allem ein klein wenig nur.
Das macht uns glücklich und fröhlich dazu.

GOTT ist mit uns am Abend und am Morgen.
ER kennt unsere großen und kleinen Sorgen.
ER liebt uns alle. Nicht mehr und nicht minder.
ER möchte, dass wir leben. Wir sind SEINE Kinder.

Ich kann wieder leben. Auch ohne dich.
Ich kann wieder lachen und freuen mich.
Den Traum von Liebe. Wir wollten ihn träumen.
Den Traum von Zukunft. Wollten ihn nicht versäumen.

Du gingst in der Nacht und kamst nicht zurück.
Mit dir ging mein Traum. Doch mir blieb mein Glück.

~ ~ ~ ~ ~ ~ ~ ~ ~ ~

Für Dich

(von Tanja, geschrieben 2003)

Zweifel an meinem Leben
niemals für mich ein Thema waren.
Ich wuchs wohl behütet auf
und erfuhr Glück in diesen Jahren.

Ich lebte mit dem Wissen,
dass Du mich ehrlich liebst.
Eine grenzenlose Liebe,
die nur Du als meine Mutter gibst.

Von Dir bekam ich Wärme und Kraft.
Von Dir erfuhr ich Stärke und Leidenschaft.
Du brachtest mir bei: Mein Leben ist richtig.
Was auch geschieht: Nur ich bin wichtig.

Meine Fehler nahmst Du lächelnd hin.
Du liebst mich so, wie ich wirklich bin.
In meinen schwersten Stunden
warst Du in Freundschaft für mich da.
Auch wenn ich manchmal
recht schwierig und uneinsichtig war.

Nun bin ich erwachsen und nicht mehr Dein ‚Kind'.
Doch Du akzeptierst,
dass wir auf einer anderen Ebene sind.

Ich bin glücklich, dass Deine Liebe nicht weicht.
Sonst hätte ich bisher so manches nicht erreicht.
Dieses Wissen lässt mich froh in die Zukunft seh'n.
Drum werd' ich meinen Weg stark und sicher geh'n.

Liebe Tanja, hab' Dank für dieses Gedicht.

Die Liebe eines Mutterherzens niemals erlischt.

UKS

~ ~ ~ ~ ~ ~ ~ ~ ~ ~ ~

Eine lange Zeit verlieh
das Glück uns Flügel.
Eine lange Zeit flogen
wir über Täler und Hügel.

Doch wie das so ist,
wenn die Zeit sich dreht.
Illusionen werden schnell
von der Winde verweht.

Lebe wohl mein Kind
und denk' auch mal an mich.
Unsere Zeiten waren schön.
Ich vergesse' dich nicht.

~ ~ ~ ~ ~ ~ ~ ~ ~ ~ ~

~ ~ ~ ~ ~ ~ ~ ~ ~ ~ ~

GLAUBEN macht stark

Ich schaue zurück auf fünf Jahrzehnte.
In denen ich oft nach Liebe mich sehnte.
Auch Hoffnung, Güte und Geborgenheit
suchte ich vergeblich und vertat meine Zeit.

Menschen schenkten mir nicht das Glück.
Ich fühlte mich verlassen und immer bedrückt.
Glaubte fest, man müsse mich verstehen.
Meine eigenen Fehler, die wollt' ich nicht sehen.

Als GOTT, der HERR seine Hand mir reichte
und ich nicht mehr von meinem Glauben weichte,
begann eine gute und erfüllte Zeit
und ich bin mit mir zur Versöhnung bereit.

~ ~ ~ ~ ~ ~ ~ ~ ~ ~ ~

GOTT ließ mich wachsen

Heut' schaue ich lächelnd auf gestern zurück.
GOTT ließ mich wachsen Stück für Stück.
Nur das Erkennen schenkte mir diese Werte.
Ich weiß, dass ich auf meinen Wegen oft irrte.

Mal flog ich verzaubert der Sonne entgegen.
Doch Höhenflüge brachten mir keinen Segen.
Ich stürzte in die Tiefe und kam zu Fall recht hart.
Weder Schmerz noch Tränen hat ER mir erspart.

Ich gewann und verlor' und dachte nicht daran,
dass ich den Frieden nur bei GOTT ich finden kann.
ER öffnete meine Augen, mein Gehör, meine Seele.
In SEINEN Händen wird mir nichts mehr fehlen.

Heut' schaue ich gerne auf gestern zurück.
Nichts kann trüben mein kleines Glück.
Ich fliege nicht höher als zu SEINEM Wort.
Hier finde ich Frieden. ER ist niemals weit fort.

Ich falle nicht tiefer als in SEINE Hand.
Danke, Du mein HERR, dass DEINE Liebe ich fand.

~ ~ ~ ~ ~ ~ ~ ~ ~ ~ ~

~ ~ ~ ~ ~ ~ ~ ~ ~ ~

Meine Freiheit

Mein Leben, das bestimme nur ich.
Meine Freiheit behalt' ich allein für mich.
Meiner Gefühle will ich sicher sein.
Meine Gedanken gehören mir allein.

Ich möchte nicht sagen, was du so denkst.
Ich möchte nicht gehen, wohin du mich lenkst.
Ich möchte nicht deine Sehnsucht stillen.
Ich möchte nicht deinen Traum erfüllen.

Ich will mit dir teilen mein ganzes Leben.
Ich will dir Kraft und Vertrauen geben.
Du musst nicht mit wenig zufrieden sein.
Denn wahre Liebe engt niemals ein.

~ ~ ~ ~ ~ ~ ~ ~ ~ ~

~ ~ ~ ~ ~ ~ ~ ~ ~ ~

Lebe Dein Leben

Lebe du dein Leben
und lass mir meines hier.
Steig' du hoch zu den Sternen.
Ich bleibe lieber hier.

Dort oben werde ich erfrieren
und du suchst dort dein Glück.
Der Weg zum Horizont ist weit.
Ich bleibe hier zurück.

Heut' richte ich den Blick
hinauf ins ferne weite Leben.
Frag' mich, ob du gefunden hast,
was ich dir nicht kann geben.

~ ~ ~ ~ ~ ~ ~ ~ ~ ~

Schau' auf die Natur

Der ferne Regenbogen
so tief mein Herz berührt.
Stolz wölbt er sich erhaben,
als wenn den Himmel er regiert.

Die Sonne, den Regen,
und die Wolken, den Wind.
Sein Farbenspiel meinen Blick
nun er verzaubert gewinnt.

So stolz und so mächtig
spreizt seine Arme er weit.
Ich lasse mich gern' fallen.
Fühle Ruhe und Unendlichkeit.

Seine herrliche Pracht meine
verletzte Seele nun tief berührt.
Seine Kraft und seine Stärke
meine Sehnsucht nach Frieden
und neuer Hoffnung schürt.

$\rightarrow$

←

Das Gefühl erfüllt mich mit Leben.
Dieses Wunder und GOTTES Band.
Ich fühle wohlige Wärme und Liebe.
Endlose Geborgenheit in SEINER Hand.

Nun löse ich mich ganz sachte.
und hebe zum Gruß die Hand.
Ich komme recht bald wieder
ins farbenfrohe Regenbogenland.

Die Freude nehme ich mit mir
und auch das Glücksgefühl.
Schöpf' Kraft aus der lebendigen Natur
mit ihrem wunderbaren Farbenspiel.

Diese Gabe unseres HERRN
wir alle schauen sollen.
Sie ist die Gabe Gottes.
Du musst sie fühlen wollen.

~ ~ ~ ~ ~ ~ ~ ~ ~ ~ ~

~ ~ ~ ~ ~ ~ ~ ~ ~ ~

Lebe Dein Leben

Lebe du dein Leben
und lass mir meines hier.
Steig' du hoch zu den Sternen.
Ich bleibe lieber hier.

Dort oben werde ich erfrieren
und du suchst dort dein Glück.
Der Weg zum Horizont ist weit.
Ich bleibe hier zurück.

Heut' richte ich den Blick
hinauf ins ferne weite Leben.
Frag' mich, ob du gefunden hast,
was ich dir nicht kann geben.

~ ~ ~ ~ ~ ~ ~ ~ ~ ~

~ ~ ~ ~ ~ ~ ~ ~ ~ ~

Wer schenkt dir Wärme,
wenn du frierst?
Wer schenkt dir Frieden,
wenn du irrst?
Wer schenkt dir Liebe,
wenn niemand dich mag?
Wer schenkt dir Licht
an einem dunklen Tag?
Wer schenkt dir Gnade,
wenn jemand dich quält?
Wer schenkt dir Güte,
wenn die Hoffnung dir fehlt?

GOTT sucht auch dich
an allen Tagen.
ER ist die Antwort auf
all' deine Fragen.

~ ~ ~ ~ ~ ~ ~ ~ ~ ~

~ ~ ~ ~ ~ ~ ~ ~ ~ ~

Du – Quelle meiner Kraft

Quelle meiner Kraft, wie verlockend Du bist.
Bei Dir spüre ich, was wahre Liebe ist.
Ohne Dich wäre diese Welt so kalt und trüb'.
Ich sage Dir heute: ,Ich habe Dich lieb. '

Quelle meiner Kraft, was ich im Herzen spür',
weißt Du ganz allein. Ich teile es mit Dir.
Du verleihst mir Flügel. Du lässt mich schweben.
Du bist der Sonnenschein in meinem Leben.

Quelle meiner Kraft, Du kennst meine Gedanken.
Meine Sehnsucht kennt vor Dir keine Schranken.
Du schenkst mir die Kraft, heute und allezeit.
Du führst mich heraus aus der Dunkelheit.

Quelle meiner Kraft, Du hörst mich bestimmt.
Denn ich spüre Dich zart im Sommerwind.
Niemals zuvor besaß die Liebe so viel Raum.
Quelle meiner Kraft, ich danke Dir für diesen Traum.

~ ~ ~ ~ ~ ~ ~ ~ ~ ~

R.W. - UKS

Liebe. Lebe und verzeihe

Jede Veränderung, jede Trennung erzeugt
erst einmal Angst und Unsicherheit.
Dennoch - niemand ruft eine Veränderung
hervor, wenn es keine Gründe dafür gibt.
Und niemand wagt eine Trennung, wenn eine
Beziehung noch tragfähig ist.
In den meisten Fällen wurden alle
erdenklichen Versuche unternommen,
vielleicht doch noch einen gemeinsamen
Weg und eine Ebene zu finden.
Aber wenn die Liebe vom Alltag erstickt
wurde. Wenn jegliches Vertrauen durch
Zweifel ersetzt wird. Wenn die einstige Liebe
schließlich Schmerzen verursacht und Ängste
schürt, dann ist es Zeit zu gehen.

Dein Wohlbefinden in der Gegenwart hängt
in großen Teilen davon ab, wie Du Deine
Vergangenheit bewältigst.
Du kannst jederzeit in eine lebenswerte
Zukunft gehen, wenn Du Deine
Vergangenheit annimmst und akzeptierst.

~ ~ ~ ~ ~ ~ ~ ~ ~ ~

Kreativ Forum Westerwald

kreativforumwesterwald@magena.de

BoD – Books on Demand

www.bod.de